AF338065

LES
CONSERVATEURS

ET LES
RADICAUX

Dialogue sur l'Election BARODET

Par M. GÉRUIN

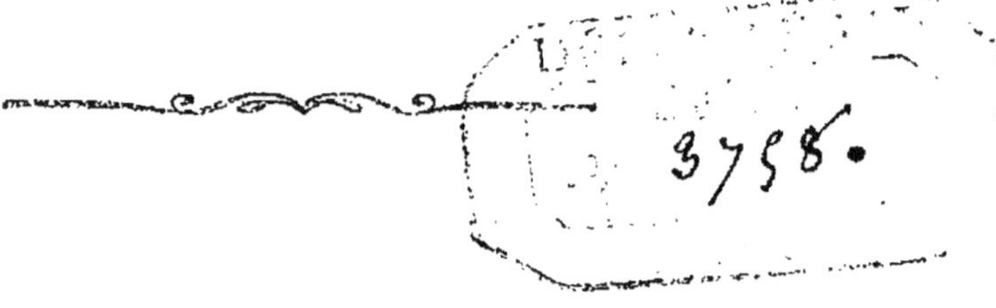

PARIS

LIBRAIRIE ANDRÉ SAGNIER

9, RUE VIVIENNE, 9

(Anciennement Carrefour de l'Odéon, 7)

—

1873

LES
CONSERVATEURS
ET LES
RADICAUX

Je l'avais bien prévu ; mon humble chambrette va se changer en cabinet de consultations politiques et sociales. Voilà ce que c'est que d'aimer trop à causer. Vous savez, mon cher lecteur, ou vous ne savez pas, qu'un mien voisin, fort indiscret, après m'avoir tiré les vers du nez, n'a pas craint de rendre public ce qu'il appelle pompeusement : l'opinion du père Mathieu (1). Ah ! je m'y suis prêté de trop bonne grâce ! J'aurais dû prévoir que lorsqu'on s'est mis une fois à rendre des oracles, il est bien difficile de s'arrêter. — Il en est des oracles comme des miracles ; il n'y a que le premier qui coûte. Les autres n'ont besoin que d'être légèrement sollicités.

---

(1) Chez André Sagnier, éditeur, 9, rue Vivienne.

Jugez-en, mon cher lecteur. — Vingt-quatre heures s'étaient à peine écoulées depuis la mémorable élection de Paris qu'une main bien connue frappe à ma porte ; c'est mon susdit voisin. Il entre sans façon.

— C'est encore moi, dit-il.

— Soyez le bienvenu, mon cher voisin. Voici votre fauteuil, entendez-vous ? « Votre fauteuil ». Asseyez-vous, car vous êtes tout essouflé.

— Il faut vous dire, cher lecteur, que je perche au cinquième étage. — Mais mon voisin ne s'asseoit point. Debout devant moi, dans une attitude interrogative, hochant la tête d'un air consterné :

— Eh ! bien ! me dit-il.

— Eh bien ! quoi ?...

— Pour qui avez-vous voté ?

— Belle demande ! j'ai voté pour Barodet.

— Vous avez voté pour Barodet ?

— Mais certainement ! quel mal y voyez-vous ?

— Vous avez voté pour Barodet ! Vraiment ?... Vous m'étonnez, mon cher voisin. Je vous savais vieux républicain, mais je vous croyais plus modéré, plus conservateur... Et puis, entre nous, qu'est-ce que c'est que ce Barodet ? Est-ce un homme à opposer à M. de Rémusat ? Comment ne voyez-vous pas qu'en votant contre le candidat de M. Thiers, vous affaiblissez le Gouvernement et le jetez dans les bras de la réaction...

—

— Permettez, mon cher voisin. Voulez-vous que je vous dise ce que je vois?... Je vois, d'abord que vous êtes encore sous l'influence des sophismes ou, tout au moins, des exagérations des journaux et des comités soi-disant conservateurs, dont le langage insensé, renouvelé des temps plébiscitaires, serait plein de dangers pour la paix publique si le peuple, au fond, n'était plus sage que ceux qui ont la prétention de le diriger. — Dégageons-nous, s'il est possible, de toute passion et raisonnons un peu. — Il est évident, mon cher voisin, que nous n'avons voté ni pour la personne du citoyen Barodet, ni contre celle de M. le comte de Rémusat; mais, sous les noms de Barodet et de Rémusat, pour deux politiques différentes. — M. de Rémusat est un homme de la plus haute distinction, et comme esprit et comme caractère. Il m'est, quant à moi, très-sympathique. Je le crois sincèrement rallié à la forme républicaine, telle qu'il la comprend, parce que son intelligence pénétrante ne peut pas ne pas voir que la monarchie est usée dans notre pays, et que préparer une restauration monarchique, c'est préparer de nouvelles révolutions... terribles, entendez-vous, mon cher voisin ? Justice complète lui est rendue par le parti démocratique qui, tout en le combattant, en regrettant d'être obligé de le combattre, n'a cessé de le traiter avec le plus grand respect. Ce n'est donc pas contre lui que nous avons voté en votant pour Barodet, bien que nous soyons fort éloignés d'avoir pour la personne de l'honorable maire de Lyon le dédain que professent pour lui MM. les conservateurs. Notre pays encore infecté de tradition monarchique n'a pas eu le temps de s'habituer à voir arriver aux affaires des Lincoln ou des Jonhson ; il s'y habituera. Ce n'est pas contre M. de Rémusat que nous avons voté ; c'est contre la politique qu'il couvre.

—

— Vraiment ! Mais c'est précisément là qu'est le mal. En votant contre M. de Rémusat, vous votez contre la politique de M. Thiers ; vous affaiblissez M. Thiers, et, je vous le répète, vous le jetez dans les bras de la droite. Voilà le danger.

—

— J'avoue, mon cher voisin, que si j'étais à

la place de M. Thiers, je me tiendrais pour très-offensé d'une telle appréhension. C'est, en vérité, se faire une bien mince idée de son caractère! Comment! voilà un homme éminent, une des plus grandes expériences politiques qu'il y ait au monde; un homme qui a donné ce rare exemple de vigueur intellectuelle de montrer un esprit progressif à l'âge de 75 ans, de modifier son idéal dans sa verte vieillesse et de proclamer comme nécessaire ce qu'il avait passé sa vie à combattre; — tout cela, il ne l'a fait, sans doute, qu'après mûre réflexion, par une conviction raisonnée; — et ce même homme, obéissant à je ne sais quelle mesquine suggestion de l'amour-propre blessé, changerait tout à coup de politique, se jetterait dans les bras de ses ennemis les plus intraitables et sacrifierait aux rancunes intéressées de la droite, en même temps que la République, sa popularité la plus pure, ce qui fera sa gloire aux yeux de la postérité, l'honneur d'avoir été le Washington de la France? Permettez-moi, mon cher voisin, de n'en rien croire. — Il s'en faut de beaucoup que j'approuve en tous points la politique de M. Thiers, mais je me fais une plus haute idée de son intelligence et de son patriotisme.

— Soit, mon cher voisin, mais alors comment expliquez-vous la candidature Rémusat? Car ce n'est plus un secret pour personne que M. Thiers l'a voulue, et que, si ce n'était pas une candidature officielle dans le sens impérial du mot, c'était au moins une candidature officieuse. Vous ne supposez pas non plus qu'il ait agi sans dessein !

—

— Non, certes!... Avez-vous vu, mon cher voisin, le portrait de M. Thiers par M¹¹ᵉ Jacquemart! Quel en est, selon vous, l'expression dominante ?

—

— Ma foi, mon cher voisin, vous m'embarrassez. Je ne me suis jamais posé cette question.

—

— A mon avis, mon cher voisin, c'est la volonté, la ténacité, l'opiniâtreté.

—

— J'aurais cru plutôt que les qualités distinctives de M. Thiers sont la flexibilité, la finesse, la ruse, qui font de lui un politique si souple et si habile.

—

— Sans doute, mon cher voisin, ces qualités ne lui appartiennent pas moins que les autres, et elles servent également à expliquer sa conduite. M. Thiers est un homme qui a beaucoup travaillé, beaucoup étudié, qui, sur toutes les questions, a des idées très arrêtées, trop arrêtées peut-être. Mais il marche rarement à son but par la voie la plus directe ; il aime les chemins détournés ; il a recours à mille finesses, à mille adroites manœuvres qui lui ont valu sa réputation de tacticien parlementaire consommé. Mais ces moyens sont-ils insuffisants, il n'hésite pas à peser de tout son poids, d'une manière exagérée, excessive même, sur les décisions de l'Assemblée ; nous l'avons vu plus d'une fois. Malheureusement, les idées de M. Thiers, il l'a reconnu lui-même, sur presque toutes les questions : commerce, industrie, finances, organisation militaire, administrative, politique, diffèrent des idées des républicains démocrates. La République conservatrice de M. Thiers, telle qu'il la conçoit, c'est, à peu de chose près, la monarchie constitutionnelle qu'il a si longtemps servie : une présidence élective à la place d'une royauté héréditaire, et le suffrage universel, aussi bridé que possible, à la place du suffrage restreint ; voilà tout. Du reste, le pays enfermé dans les mêmes institutions, gouverné par les mêmes influences ; en un mot, la République conservatrice, c'est la République des conservateurs. Tel est le secret de la conduite de M. Thiers depuis que les circonstances l'ont porté à la présidence de la République. Placé entre une majorité monarchique impuissante et une forte minorité républicaine, il s'est également servi de l'une et de l'autre pour faire triompher ses vues personnelles. Pendant qu'il obtenait tout des républicains avec le mot de République, il manœuvrait de manière à faire voter par la droite sa constitution à lui. Voilà pourquoi il l'a laissée se déclarer, il l'a poussée peut-être à se déclarer constituante, quand, appuyé sur le pays, il aurait pu si aisément faire taire d'un geste ses prétentions usurpatrices. Ce n'était pas assez. Comme cette assemblée est complétement discréditée aux yeux du pays qu'elle ne représente plus, et qu'il ne faut pas trop abuser des fictions légales, avant de lui faire voter ses lois constitutionnelles, M. Thiers profitant habilement, à ce qu'il croyait, de sa juste popularité, a voulu se faire octroyer par le suffrage universel, des pleins pouvoirs, afin de donner ainsi à ces institutions une quasi-légitimité que ne saurait leur conférer le vote de l'Assemblée de Versailles. Il a fait, à sa manière, son plébiscite. Malheureusement pour M. Thiers, et, selon moi, très-heureusement pour le pays, le suffrage universel n'a pas répondu à son attente.

—

— Heureusement pour le pays?... Je ne vous comprends pas, mon cher voisin; comment pouvez-vous admettre que ces élections soient en même temps favorables au pays et défavorables à M. Thiers? Vous ne croyez donc pas les intérêts du gouvernement et ceux du pays solidaires, étroitement liés? Après les services rendus par M. Thiers, la plus simple gratitude...

—

— Permettez, mon cher voisin, je sais tout ce que vous allez dire, et, certes, je n'y contredis pas. Nous ne sommes pas des ingrats, et nous reconnaissons que, par son habileté supérieure, son autorité morale, son dévoûment patriotique, M. Thiers a rendu à la France des services tels que peu de monarques dans notre histoire pourraient rivaliser, à cet égard, avec ce petit bourgeois. Mais il ne faut demander à un homme que ce qu'il peut donner. Quelque jeune que soit ce merveilleux esprit, il est trop vieux pour comprendre *spontanément* la démocratie, et les hommes qui l'entourent et qui ont vieilli comme lui dans une société oligarchique, ne la comprennent pas davantage. Ils en ont peur; ce qui fait que, au lieu de favoriser par des réformes rationnelles l'ascension invincible de l'humanité vers la réalisation de plus en plus grande de son idéal de liberté, d'égalité, de justice, ils ne songent qu'à préparer des institutions de résistance; et c'est parce qu'ils ont besoin de l'Assemblée monarchiste de Versailles pour voter ces institutions qu'ils s'appuyent sur elle. Faire organiser la République par des monarchistes cléricaux, voilà ce qu'ils appellent faire la République conservatrice.

—

— « La République sera conservatrice ou elle ne sera pas. »

—

— On a dit aussi : « L'Empire, c'est la paix. » Qu'en pensez-vous, mon cher voisin ? Nous laisserons-nous donc toujours gouverner par des phrases ? — il faut se fixer une fois pour toutes, sur le sens de ce mot « conservateur » dont on fait un si étrange abus. Ce mot peut être susceptible, mon cher voisin, de trois acceptions. Il s'agit en effet de « conserver » ou une certaine organisation politique, ou une certaine organisation sociale, ou une certaine organisation politique et une certaine organisation sociale tout ensemble. Or, dans quelque acception qu'on le prenne, le mot « conservation » n'exprime qu'une idée déraisonnable et accuse une ignorance complète de la nature de l'homme et de son histoire. En effet, l'histoire de l'humanité n'est pas autre chose que le tableau vivant de la perfectibilité humaine qui, de transformations en transformations, s'avance d'une marche incessante et toujours plus rapide vers la réalisation de son idéal, lequel, au point de vue social et politique, est le règne de la justice fondé sur la liberté et l'égalité des droits. Etre conservateur, c'est donc vouloir limiter la perfectibilité humaine, l'arrêter dans son cours, lui dire : tu n'iras pas plus loin, s'opposer au développement normal d'une loi naturelle, et entreprendre par conséquent une tâche aussi insensée qu'impossible. Car, il ne peut s'agir, évidemment, de conserver les lois fondamentales de la société, la société humaine ne pouvant exister en dehors des lois qui lui sont propres et tous les hommes étant, à ce point de vue, essentiellement conservateurs. — Les soi-disant conservateurs sont donc les véritables révolutionnaires, car ce sont eux qui, s'opposant en aveugles à l'évolution naturelle de l'humanité, rendent inévitables ces crises sociales ou politiques que nous appelons des révolutions. C'est une vérité que l'histoire confirme à toutes ses pages, particulièrement en France où le génie de la conservation, frère de l'égoïsme et de la peur, semble s'être incarné dans les classes dites dirigeantes. Demandez à M. Guizot ; demandez aux officiels de l'Empire. — MM. les conservateurs qui, depuis le commencement de ce siècle, ont, pour la plupart, servi tous les gouvernements qui se sont succédés dans notre pays, les ont tous perdus. Il n'ont que cette manière de les conserver ; et le résultat est forcé, par les raisons que je vous ai données tout à l'heure. On ne peut pas s'opposer à la force des choses sans s'exposer nécessairement à être submergé.

Tant d'aveuglement serait incompréhensible, mon cher voisin, si le mot « conservateur » n'avait un autre sens qui explique très-bien ces résistances intéressées. MM. les conservateurs conservent non pas, comme on l'a dit, « l'anarchie » mais l'oligarchie. » — Pourvu qu'un gouvernement soit oligarchique, ils sont toujours prêts à le servir, à s'y rallier, comme ils disent, chacun dans la mesure des avantages qu'il espère en retirer. C'est un gouvernement « d'honnêtes gens. » —Pourquoi? mon cher voisin, vous êtes-vous demandé pourquoi? — Parce qu'un gouvernement oligarchique est un gouvernement de privilége. C'est l'administration du pays au profit d'une classe, plus ou moins nombreuse, qui l'exploite, le plus qu'elle peut, à son avantage : — par la législation, d'abord ; — rappelez-vous les lois qui ont si longtemps tenu les classes ouvrières dans un état d'injuste infériorité ; rappelez-vous les lois économiques qui, sous prétexte de protéger le travail national, ont fait la fortune de notre aristocratie industrielle, au détriment des ouvriers et des consommateurs français ; — puis en s'adjugeant toutes les places, si nombreuses, qui procurent puissance, honneur et profit. Politique, administration, magistrature, diplomatie, armée, clergé, tout leur appartient par droit de naissance ou de fortune. Le pays est un riche domaine qui ne doit produire que pour eux et leurs amis. Si quelqu'un les menace dans cette possession exclusive, dont un long usage a fait pour eux une propriété, il est considéré comme un séditieux et traité comme tel.

Voilà, mon cher voisin, ce que c'est que les conservateurs. Et il faut bien le reconnaître, l'esprit de conservation ainsi entendu est naturel à l'homme ; il n'est que l'expression générale de nos différentes sortes d'égoïsme. Il n'y a pas d'abus, pas de routine, pas d'industrie surannée, pas de fausse science, pas de fausse croyance que les intéressés n'aient cherché à « conserver » par tous les moyens, sans en excepter la persécution. De tout temps les progressistes, les novateurs, les radicaux ont été traités comme des séditieux et des impies; trop heureux quand on n'en a pas fait des martyrs. Par bonheur ces résistances égoïstes ont été vaines contre la force intime qui pousse incessamment l'humanité à la réalisation d'un idéal toujours supérieur; autrement nous habiterions encore des huttes et des cavernes comme nos ancêtres antédiluviens. Suivez dans l'histoire l'esprit de « conservation. » Seulement dans l'ordre social et politique, il y a eu (il y en a encore !) des conservateurs de l'esclavage, des conservateurs du servage, des conservateurs de la féodalité, des conservateurs de la noblesse, des conservateurs de la monarchie absolue, des conservateurs de la monarchie constitutionnelle ; il y a aujourd'hui des conservateurs de la République conservatrice ; et ce sont toujours les mêmes. Car, sauf les peureux qui n'osent tirer les conséquences de leurs principes, les habiles gens qui se donnent pour mission ostensible de protéger la reliligion, la famille et la propriété, ne songent en réalité qu'à conserver et, s'il est possible, à grossir les priviléges que le progrès de la justice sociale ne leur a pas encore arrachés. A les croire, la propriété, la religion et la famille sont en péril, si l'on n'oppose, sans tarder une digue aux débordements de la démocratie. Entendons-nous, mes bons messieurs ; si vous voulez dire que la démocratie s'apprête à détruire dans leur principe la propriété, la famille et la religion, vous la calomniez, et vous la calomniez sciemment. Il y a sans doute parmi nous, (il y en a partout!) des voleurs et des fous ; mais nous ne sommes ni des fous, ni des voleurs. La démocratie française est une démocratie sage et honnête. Elle sait bien que la propriété n'a pas toujours une source légitime ; mais elle ne rêve pas pour cela de liquidation sociale. Elle pourrait bien avoir quelque ressentiment de la longue oppression que certaines familles et certaine religion ont fait peser sur elle durant des siècles et cherchent encore à perpétuer ; mais elle est au dessus de la haine et de la vengeance ; elle n'aime et ne désire que la justice. Elle respecte dans la propriété, quelle qu'elle soit, le principe même de la propriété, qui est la liberté humaine, comme elle la respecte dans la famille et dans la religion. Elle n'entend pas créer une société artificielle ;

elle veut organiser une société rationnelle, c'est-
à-dire, fondée sur la liberté et l'égalité réelle des
droits. Tel est le programme des radicaux : mettre les faits, les institutions sociales d'accord avec
les principes de la raison, qui sont les lois de
la nature humaine, tirer des principes de liberté
et d'égalité les conséquences légitimes qu'ils contiennent ; en un mot, gouverner non dans l'intérêt de quelques uns, mais dans l'intérêt de tous,
répartir de la manière la plus juste possible et les
charges sociales et les avantages sociaux.

Qn'y a-t-il là qui ne soit digne de respect et
d'éloges ?

—

— Sans doute ! S'il ne s'agissait que des intentions, nul ne se refuserait à les louer ; mais
il y a les actes. La réalisation de ce programme
nécessite des réformes qui ébranleraient jusque
dans ses fondements notre ordre social, et ce n'est
pas sans raison que de bons esprits redoutent le
remède comme pire que le mal.

—

— Cela prouve, mon cher voisin, que les conservateurs peuvent se diviser en deux catégories:
les habiles et les dupes. — Les habiles, nous les
connaissons; ce sont ceux qui s'évertuent à faire

peur ; — les dupes sont ceux qui se laissent in-
timider par la menace de dangers chimériques,
et pour lesquels le radicalisme représente je ne
sais quel Croquemitaine, tout prêt à dévorer la
société. Les habiles se gardent bien de définir
ce qu'on doit entendre, au vrai, par « Conservateurs » et par « Radicaux » ; et grâce au sens
obscur dont ils enveloppent ces deux mots, ils
peuvent à leur aise se qualifier d'honnêtes, et
traiter leurs adversaires de scélérats. Tandis que
pour l'homme qui va au fond des choses, c'est
juste le contraire qui apparaît. Je vous l'ai dé-
montré, mon cher voisin ; « conservation » signifie égoïsme, privilége, et partant perpétua-
tion de l'injustice dans la société ; « radicalisme »
signifie liberté, égalité des droits, restauration
de la justice dans la société. Où donc sont les
honnêtes, mon cher voisin ? et si nous voulions,
nous aussi, employer les gros mots, où donc se-
raient les scélérats ? — Quant au cataclysme que
vous redoutez, mon cher voisin, à ce boulever-
sement subit qui doit replonger la société dans
le chaos, rassurez-vous, je vous prie. Je vous le
disais tout-à-l'heure, il n'y a rien à craindre ;
d'abord, parce que l'homme attenterait vaine-
ment aux lois de la nature et qu'il n'y songe
point ; ensuite, parce que les radicaux n'étant

ni plus fous, ni moins politiques qne MM. les conservateurs, tout en poussant résolûment au progrès, ils se garderont bien de cueillir le fruit avant qu'il soit mûr, et n'aborderont les réformes à faire que successivement et à mesure que les circonstances les rendront possibles.

—

— Mais alors, pourquoi des républicains conservateurs comme MM. Carnot, Arago, Grévy, etc., se sont-ils déclarés hostiles à la candidature radicale de M. Barodet? Pourquoi ont-ils soutenu, avec tant de zèle, la candidature de M. de Rémusat?

—

— Je vais vous le dire, mon cher voisin. Mais, une fois pour toutes, rayez-moi, je vous prie, cette épithète de « conservateurs » appliquée aux républicains. Il y a eu, malheureusement, alliance, action commune, entre certains républicains et des conservateurs monarchistes ; mais il n'y a pas et il ne peut pas y avoir de républicains conservateurs. Ceux qui persisteraient à se donner ce titre commettraient une erreur de langage ou une inconséquence qui permettrait, à la rigueur, de leur refuser justement le nom de républicains. Il ne s'agit pas, en effet, de république oligarchique ; une telle république, étant fondée sur le privilége, admet nécessairement des conservateurs, comme toute oligarchie ; — il s'agit d'une *république démocratique* fondée sur la liberté de tous et l'égalité réelle des droits. Il n'est pas de républicains démocrates qui n'acceptent ce principe, et il n'en est pas qui ne comprennent que la société ne peut s'arrêter dans la voie des réformes que lorsqu'elle aura tiré de ces principes toutes les conséquences logiques qu'ils contiennent, et qu'il n'y aura plus aucun progrès légitime à réaliser. A ce point de vue, mon cher voisin, au point de vue des principes, tous les démocrates sont nécessairement des radicaux.

Ils ne se divisent que dans la conduite, dans l'action, parce que c'est là que se révèlent les différences, non d'idées, mais de tempérament et de caractère ; alors apparaissent, comme partout, des modérés et des ardents, des timides et des audacieux, des esprits fermes et des caractères irrésolus. Les uns, qui s'exagèrent toujours la force de leurs adversaires, qui n'osent faire un pas de crainte de tout compromettre, temporiseurs éternels qui laissent pourrir le fruit sur l'arbre, faute d'oser le cueillir ; — les autres, qui pensent que lorsqu'on a le droit pour soi, il faut marcher résolument au but, en dépit des obstacles, sans perdre une heure, sans compter les ennemis, et qui dans leur élan impétueux, le dépasseraient peut-être quelquefois s'ils n'étaient contenus par les premiers. Ce n'est que par leur union, leur coopération, qu'ils peuvent assurer et qu'ils assureront en effet la réalisation des réformes démocratiques, car la scission accidentelle qui s'est faite dans le parti républicain, ne peut être que momentanée, malgré la peine que de certaines gens se donnent pour la rendre définitive. Cependant, il est très-regrettable, selon moi, que, cédant à la crainte de compromettre l'existence même de la République en affaiblissant le gouvernement devant la droite réactionnaire, il est très regrettable, dis-je, que les républicains dont nous avons parlé tout-à-l'heure, aient cru devoir, du moins en apparence, donner leur adhésion aux projets constitutionnels de M. Thiers. Ils se sont montrés en cela tout le contraire de ce qu'on entend communément par conservateurs ; car, ces projets, si l'on persiste à les présenter, *sont gros de périls*. Comment des hommes qui ont refusé de reconnaître à l'Assemblée le titre et les droits de Constituante, ont-ils été aussi inconséquents ? Comment n'ont-ils pas compris qu'il y allait de la paix publique ? Qu'il n'y avait qu'une question, une seule, la dissolution à courte échéance ? Car, je vous le demande, à quoi peut servir cette seconde chambre, cette *Chambre de résistance* dont on nous menace, sinon à créer avec la prochaine Assemblée démocratique, un conflit inévitable tranchons le mot, une révolution ? Est-ce là le respect de l'égalité ? le respect du suffrage universel ?... Oh ! les théoriciens à bascules !... — Les hommes du comité Carnot ont été dupes, dupes de l'habile opiniâtreté de M. Thiers. Puisse-t-elle ne nous être pas trop funeste ! Puisse cet éminent esprit, cet homme de tant de patriotisme, comprendre enfin qu'il y a quelque chose de mieux à faire que d'organiser un pays malgré lui, c'est de le laisser s'organiser lui-même.

Un mot encore, mon cher voisin. — Si les radicaux avaient la prétention de créer un nouvel ordre social, sans analogue dans l'histoire du monde, un de ces systèmes artificiels qui ne peuvent naître que dans l'intelligence abstraite d'un philosophe solitaire, nous nous en défierions à bon droit. Mais ce que nous voulons créer ou plutôt organiser, existe, mon cher voisin. Sans parler de la Suisse notre voisine, ouvrez les yeux, regardez de l'autre côté de l'Atlantique. Qu'est-ce que cette jeune et magnifique société qui dé-

veloppe une activité si prodigieuse et si féconde?
N'est-ce pas le radicalisme en action? — Permettez-moi de mettre sous vos yeux le tableau
que trace de son propre pays l'historien Bancroft.
Quand vous aurez entendu cet hymne patriotique, vous connaîtrez les fruits du radicalisme et
vous cesserez de le craindre.

« Les Etats-Unis d'Amérique, dit-il, dans son
« introduction, constituent une partie essentielle
« du grand système politique qui embrasse toutes
« les nations civilisées du monde. A une époque
« où la force de l'opinion morale s'accroît rapi-
« dement, ils ont le premier rang dans la prati-
« que et la défense des *droits égaux de l'homme.*
« *La souveraineté du peuple ici est un axiome*
« *accordé,* et les lois établies sur cette base sont
« respectées avec un loyal patriotisme. Tandis
« que les nations de l'Europe aspirent au chan-
« gement, notre constitution excite la profonde
« admiration du peuple par qui elle a été éta-
« blie. La prospérité suit l'application d'une jus-
« tice égale pour tous. L'esprit d'invention est
« éveillé par la liberté de la concurrence, et le
« travail récompensé par des profits assurés et
« sans exemple. La paix intérieure est mainte-
« nue sans l'aide d'une force militaire. Le senti-
« ment public ne tolère l'existence que d'un petit

« nombre de troupes régulières, et seulement le
« long de nos frontières et de nos rivages. Une
« vaillante marine protége notre commerce, dé-
« ploie notre drapeau sur toutes les mers et étend
« ses entreprises à toutes les terres. Notre diplo-
« matie nous met en rapport, sur le pied de l'é-
« galité et d'une honnête amitié, avec les prin-
« cipales puissances du globe, tandis que nous
« évitons avec soin de nous mêler à leurs intri-
« gues, à leurs passions et à leurs guerres. Nos
« ressources nationales sont développées par une
« ardente culture des arts de la paix. Tout homme
« peut jouir des fruits de son industrie ; tout
« esprit est libre de publier ses convictions. *No-*
« *tre gouvernement par son organisation est néces-*
« *sairement identifié avec les intérêts du peuple, et*
« *repose exclusivement sur leur attachement pour*
« *sa durée et sa stabilité.* Même les ennemis de
« l'Etat, s'il y en a parmi nous, ont la liberté
« d'exprimer leur opinion sans être troublés, et
« ils sont tolérés sans danger là où la raison est
« laissée libre de combattre leurs erreurs. *Notre*
« *constitution n'est pas une lettre morte, inaltéra-*
« *blement fixée ; elle est susceptible d'améliorations,*
« *admettant toutes les modifications que le temps*
« *ou la volonté du peuple peuvent requérir, et assu-*
« *rée contre tout affaiblissement, aussi longtemps*

« *que cette volonté garde son énergie.* De nou-
« veaux États se forment dans le désert, des ca-
« naux coupant nos plaines ou traversant nos
« montagnes, ouvrent des routes nombreuses à
« notre commerce intérieur ; nos manufactures
« prospèrent le long de nos cours d'eau ; l'usage
« de la vapeur sur nos rivières et nos voies fer-
« rées annulent les distances par l'accélération
« de la vitesse. Notre richesse et notre popula-
« tion, qui nous donnent déjà une place au pre-
« mier rang des nations, s'accroissent si rapide-
« ment que la première est quadruplée et la
« seconde doublée tous les trente-deux ou trente-
« trois ans. Il n'y a pas de dette nationale ; la
« communauté est opulente, le gouvernement
« économe et le trésor public rempli. *La religion*
« *n'est ni persécutée, ni payée par l'État ;* elle est
« soutenue par l'intérêt qu'on porte à la morale
« publique et par les convictions d'une foi éclai-
« rée. *L'intelligence est répandue avec une uni-*
« *versalité sans rivale. Une presse libre répand*
« *avec abondance les productions les plus choisies*
« *de tous les pays et de tous les siècles. Il y a plus*
« *de journaux quotidiens aux Etats-Unis que dans*
« *le reste du monde.* Un document public d'un
« intérêt général est, en moins d'un mois, repro-
« duit à plus d'un million d'exemplaires et mis à

« la portée de tout homme libre dans le pays.
« Un immense concours d'émigrants des races
« les plus diverses aborde continuellement sur
« nos rivages, et les principes de la liberté unis-
« sant tous les intérêts, grâce à l'influence d'une
« loi égale pour tous, confondent ces éléments
« discordants en un tout harmonieux. Les autres
« gouvernements sont ébranlés par les innova-
« tions et les réformes des Etats voisins ; *notre*
« *constitution enracinée dans l'affection du peuple,*
« *dont le libre choix lui a donné naissance,* neu-
« tralise l'influence des principes étrangers et
« ouvre sans crainte un asile aux vertueux,
« aux infortunés, aux opprimés de toute na-
« tion.

« Et cependant, il n'y a guère plus de deux
« cents ans que nos plus anciens Etats ont reçu
« leurs premières colonies permanentes. Avant
« cette époque, le territoire tout entier n'était
« qu'un désert stérile. A travers ces vastes soli-
« tudes, les arts n'avaient pas élevé un monument.
« Ses seuls habitants étaient quelques faibles
« tribus de sauvages disséminés, sans commerce
« et sans liens politiques. La charrue et la hache
« étaient inconnues. Le sol, qui avait capitalisé
« sa fertilité dans le repos des siècles, prodiguait
« sa force en une magnifique, mais inutile

« végétation. Au regard de la civilisation, cet
« immense domaine n'était qu'une solitude.

« C'est l'objet du présent ouvrage d'expliquer
« comment ce changement dans la condition de
« notre pays a été accompli, et, comme la for-
« tune d'une nation n'est pas sous le contrôle
« d'une aveugle destinée, *d'étudier les moyens*
« *par lesquels une Providence favorable, appelant*
« *à l'être nos institutions, a conduit notre pays au*
« *bonheur et à la gloire dont il jouit aujourd'hui.* »

Qui donc a produit ces merveilles ? A qui les
Etats-Unis doivent-ils leur bonheur et leur
gloire ? — A leurs « institutions ». C'est « l'égalité, la liberté absolue, l'intelligence universalisée »
qui ont fait ce grand peuple de radicaux. Recon-
naissez l'arbre à ses fruits, mon cher voisin. —
Il est vrai que depuis le jour où M. Bancroft
écrivait ces lignes triomphantes, une guerre ter-
rible a désolé la grande république, fait couler
par torrents le sang de ses enfants, grevé ses
finances d'une dette énorme et laissé des ferments
de discorde dans un certain nombre de ses États.

Mais ceci même n'infirme en rien ma thèse, au
contraire. Quand les pères de la confédération amé-
ricaine, par un funeste esprit de « conservation »,
se résignèrent à subir cette « institution particulière » que des hommes libres ne pouvaient sans

rougir appeler de son vrai nom l'esclavage, ils semèrent la moisson sanglante qu'ont récoltée leurs enfants. Ces conservateurs n'étaient, à leur insu, que des révolutionnaires; car ceux là sont les vrais révolutionnaires, qui rendent nécessaires les révolutions en bâtissant sur l'iniquité. Il n'y a de stable que ce qui est fondé sur la justice. — Les Américains ont expié leur crime; mais leurs malheurs même ont fait ressortir avec éclat les qualités qui les distinguent. Aucun échec n'a pu les abattre; ils n'ont reculé devant aucun sacrifice; leur courage indomptable, leur sagesse, leur patriotisme n'ont pas fléchi un seul instant. Ce sont des hommes! Ce qu'ils ont fait depuis, ce qu'ils font tous les jours, Chicago détruit et rebâti en une seule année, le prouve surabondamment. Tels sont, mon cher voisin, les effets du radicalisme; car il faut s'entendre, enfin, sur ce mot dont les habiles se servent pour épouvanter les faibles. — Qu'il y ait des gens qui rêvent une société artificielle où, sous prétexte de faire le bonheur de l'individu, on le sacrifie complétement à l'Etat, sous le nom de socialistes ou de communistes, ce sont là des utopistes, comme il y en a eu de tout temps, sans parler de Platon et de tant d'autres. Toutes ces rêveries sont sans danger dans une société libre et éclairée. De telles doc-

trines, si on peut leur donner ce nom, sont desti-
nées à rester à l'état de pure doctrine, car rien
n'est viable de ce qui est contraire à la nature.
Mais qu'ont-ils de commun, ces systèmes chimériques, avec ce qu'on appelle le radicalisme ? —

Nos pères ont proclamé des principes, les principes de 89, les droits de l'homme et du citoyen, aux-
quels nos adversaires eux-mêmes sont forcés de
rendre un hypocrite hommage. Ces principes, nous
l'avons vu, peuvent se réduire à ceci : la liberté et
l'égalité des droits. Etre radical, c'est demander que
l'esprit de ces principes pénètre, par l'effet d'une
éducation bien entendue, dans les intelligences
et dans les mœurs et qu'il s'incarne, sans retard,
dans les institutions. C'est, comme le dit quelque
part M. Laboulaye, qui lui aussi, est radical, *à
ses heures,* — il l'avoue lui-même, — « c'est laisser
« à l'individu la pleine jouissance de ses facul-
« tés et en garantir le plein exercice par des
« institutions qui empêchent, en les punissant,
« l'injustice, la violence, et l'usurpation. »

—

— Fort bien, mon cher voisin ; mais quelles
seront ces institutions ? Il me semble que c'est
précisément M. Laboulaye qui s'est fait le pro-
pagateur le plus zélé de cette idée de la néces-

sité d'une seconde Chambre à laquelle vous m'avez paru particulièrement hostile. N'y a-t-il pas, du reste, une seconde Chambre aux États-Unis, et n'est-ce pas surtout à cette division du pouvoir législatif qu'est due la stabilité politique dont ils jouissent?

—

— Vous me demandez quelles seront les institutions d'une société radicale ? — Les plus simples possibles et les plus naturelles (1); car les véritables institutions ne sont pas les mécanismes plus ou moins ingénieux qu'on décore de ce nom : ce sont les idées, ce sont les mœurs qui les soutiennent et qui les vivifient. Dans ces belles pages de Bancroft que je viens de vous lire, est-il question seulement de première et de seconde Chambre? Il n'en est pas dit un seul mot. Ce qu'il entend, ce qu'il célèbre sous ce mot d'institutions, c'est l'égalité, la liberté absolue, l'intelligence universalisée et continuellement alimentée par la presse la plus féconde et la plus libre qu'il y ait au monde. Sans doute, il existe aux États-Unis une seconde Chambre; mais, sans descendre au fond de la question, son

---

(1) Voir l'*Opinion du Père Mathieu* (André Sagnier, éditeur, 9, rue Vivienne).

existence s'explique suffisamment et par l'esprit de tradition qui les rattache à l'Angleterre, leur vieille patrie, et par les conditions historiques dans lesquelles ils se trouvaient placés. Qu'une association d'États libres ait une Assemblée spécialement chargée de représenter des États en tant qu'États; qu'une société aristocratique comme la société anglaise ait une haute Chambre, il n'y a là rien que de naturel ou tout au moins de facilement explicable. Il y a une représentation particulière d'intérêts particuliers. Mais faut-il nous donner ces choses comme le *nec plus ultrà* de la science politique, et devons-nous absolument nous faire les plagiaires des Anglais et des Américains? — Il faudrait d'abord que les conditions fussent les mêmes. Ce qui est pour eux un produit naturel ne serait pour nous qu'une création artificielle, dont le moindre tort serait d'être inutile. Où il n'y a pas d'intérêts spéciaux, il ne saurait y avoir de représentation spéciale. Car, qu'on ne vienne pas, je vous en prie, me parler « d'intérêts conservateurs. » Est-ce que tous les intérêts ne sont pas également conservateurs? Est-ce qu'ils ne demandent pas tous à être également protégés? Cette seconde Chambre, telle, du moins, que nous la laissent entrevoir des indiscrétions calculées, serait composée de membres choisis dans et par des catégories particulières et privilégiées. C'est là un attentat, qu'on se le dise, et des plus graves, contre le suffrage universel. C'est, de plus, si l'on est sincère, une puérilité. Est-ce que le pays n'est pas intéressé à prendre ses représentants partout où il trouve des capacités qui lui inspirent confiance; et ces capacités, ne les prend-il pas précisément dans tous ces groupes dont vous voulez faire des colléges électoraux privilégiés? Mais qui donc est juge de ces capacités? — Le pays seul, le suffrage universel, seul souverain, que vous outragez en le mettant ainsi en suspicion légitime! Prenez garde! vous créez, à plaisir, un danger des plus graves.

Il semble, en vérité, que la science tue quelquefois le jugement. Qu'avons-nous besoin d'aller chercher des exemples ailleurs? Notre histoire ne nous en fournit-elle pas de suffisamment concluants? Est-ce que jamais, dans notre pays, « la division législative » a garanti le pouvoir contre les révolutions ou le peuple contre les usurpations du pouvoir? Je demanderai humblement à M. Laboulaye :

1º Comment une seconde Chambre aurait empêché le prince Louis-Napoléon et ses complices d'exécuter le coup de main ou coup d'État de 1851, qui était évidemment dans leurs intentions, même avant l'élection du Président? La vie toute entière de ces hommes en est la preuve irrécusable.

2° En quoi le Sénat du second Empire, composé de « toutes les notabilités *nommées à vie* », l'a empêché d'opprimer le pays pendant vingt ans et de le jeter dans les sinistres aventures où a sombré sa fortune?

3° Si la division législative a, du moins, empêché la chute de l'Empire?

4° Si cette même division législative, sous le Directoire, a empêché le 18 brumaire;

5° Si le Sénat, le Tribunat, le Corps législatif, le Conseil d'État ont empêché Napoléon Ier d'absorber tous les pouvoirs, et si, tout au moins, ils l'ont garanti d'une double chute;

6° Si la Chambre des Pairs a empêché Charles X de signer les fameuses ordonnances et de commettre les fautes qui ont amené la révolution de 1830;

7° Si la même Chambre des Pairs a sauvé le trône du roi-citoyen?...

Que vient-on donc nous parler d'une seconde

Chambre comme d'un dogme politique indiscutable? Si les Assemblées de la Révolution, à une époque de crise exceptionnelle et malgré les grandes et mémorables choses qu'elles ont faites, ont commis des fautes et même des crimes, ce n'est pas parce que le pouvoir législatif n'y était pas divisé; c'est parce qu'il n'y avait pas de véritable séparation des pouvoirs, qu'elles réunissaient au législatif l'exécutif et le judiciaire. — Si, depuis, la République de 1848 a fini par l'Empire, ce n'est pas parce que l'Assemblée était unique; c'est parce que le peuple, guidé par une bourgeoisie égoïste, a été assez ignorant pour élire un prince, et trop lâche pour le punir de son attentat contre la souveraineté nationale. La même chose arriverait, y eût-il dix Chambres, dans les mêmes circonstances.

Ce n'est donc pas, mon cher voisin, leur Sénat, que nous devons emprunter aux Etats-Unis; ce sont leurs mœurs, leur esprit de liberté, d'égalité, qui seuls font et soutiennent les bons gouvernements; c'est surtout leur système d'éducation, qui crée cet esprit et ces mœurs. Voilà ce que feront les radicaux : ils feront des hommes bien pourvus de cette éducation sociale, sans laquelle, comme je vous le disais naguère (1), il

______

(1) L'*Opinion du Père Mathieu*.

n'y a pas de bon gouvernement et avec laquelle il n'y en a pas de mauvais. — Est-ce là ce que veulent faire MM. les conservateurs ? Non, mon cher voisin. Ils conservent, surtout, amoureusement, l'ignorance et la superstition, deux choses qui, avec ou sans Sénat, leur livrent le gouvernement des peuples et tous les avantages qui résultent pour eux de cette domination.

Je conclus de tout ce que nous avons dit, mon cher voisin, par cette réflexion qui a l'air d'un paradoxe, mais que je vous recommande comme un axiome : — Si le mot *conservation* signifie *paix* et *stabilité*, il n'y a de vraiment révolutionnaires que les conservateurs, et de vraiment conservateurs que les radicaux.

Répétez cela, mon cher voisin ; il est bon que tout le monde le sache.

— J'y vais de ce pas. Vous n'aurez pas à vous plaindre de mon zèle. — Adieu ! mon voisin.

— Adieu ! — Adieu ! aussi, cher lecteur, ou plutôt, au revoir !

950 — 5.73. — Boulogne (Seine). — Imp. JULES BOYER et Cⁱᵉ.

OBSERVATIONS CRITIQUES

SUR

LES NOUVELLES DECOUVERTES

De l'Amiral DE LA FUENTE.

Préſentées à l'Académie Royale des Sciences, le 26 Mai 1753.

Par M. ROBERT DE VAUGONDY, fils, Géographe ordinaire du Roi.

A PARIS;

Chez ANTOINE BOUDET, Imprimeur du Roi, rue S. Jacques.

M. DCC. LIII.